Impressum
Verlag: BABADADA GmbH, Nedderfeld 112 , 22529 Hamburg
Geschäftsführer / Verlagsleitung: Harald Hof
Druck: Books on Demand GmbH, In de Tarpen 42, 22848 Norderstedt

Imprint
Publisher: BABADADA GmbH, Nedderfeld 112 , 22529 Hamburg, Germany
Managing Director / Publishing direction: Harald Hof
Print: Books on Demand GmbH, In de Tarpen 42, 22848 Norderstedt, Germany

skóli

школа

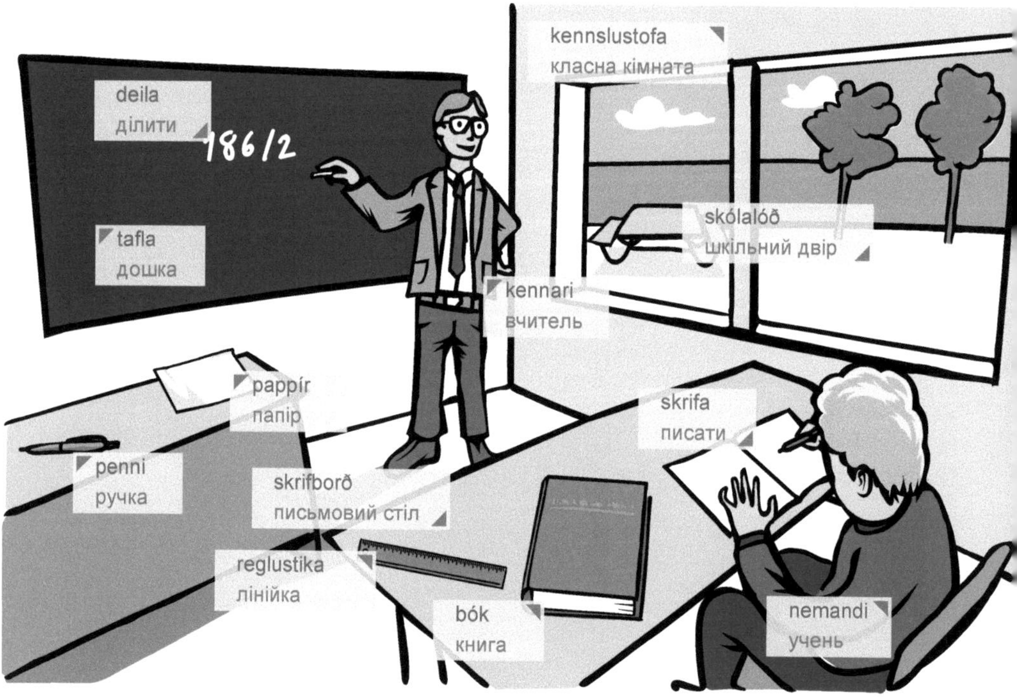

kennslustofa
класна кімната
deila
ділити
186/2
tafla
дошка
skólalóð
шкільний двір
kennari
вчитель
pappír
папір
skrifa
писати
penni
ручка
skrifborð
письмовий стіл
reglustika
лінійка
bók
книга
nemandi
учень

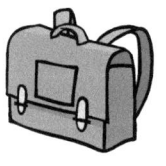

skólataska

ранець

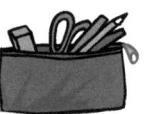

pennaveski

пенал

blýantur

олівець

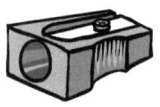

yddari

точило

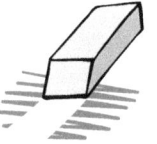

strokleður

гумка

teikniblað

альбом для малювання

teikning

малюнок

pensill

пензель

litakassi

коробка фарб

skæri

ножиці

lím

клей

æfingabók

зошит

heimavinna

домашнє завдання

númer

число

leggja saman

додавати

draga frá

віднімати

margfalda

множити

reikna

рахувати

bréf

літера

stafróf

абетка

orð

слово

texti

текст

lesa

читати

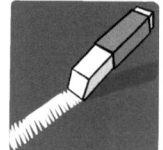

krít

крейда

kennslustund

година

kladdi

класний журнал

próf

екзамен

vottorð

диплом

skólabúningur

шкільна форма

menntun

освіта

alfræðirit

лексикон

háskóli

університет

smásjá

мікроскоп

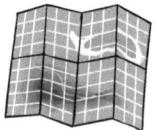

kort

карта

ruslakarfa

кошик для паперу

ferðalög

подорож

hótel
готель
Grand
farfuglaheimili
турбаза
ROOMS
gjaldeyrisskipti
обмінний пункт
EXCHANGE
ferðataska
валіза
bíll
автомобіль

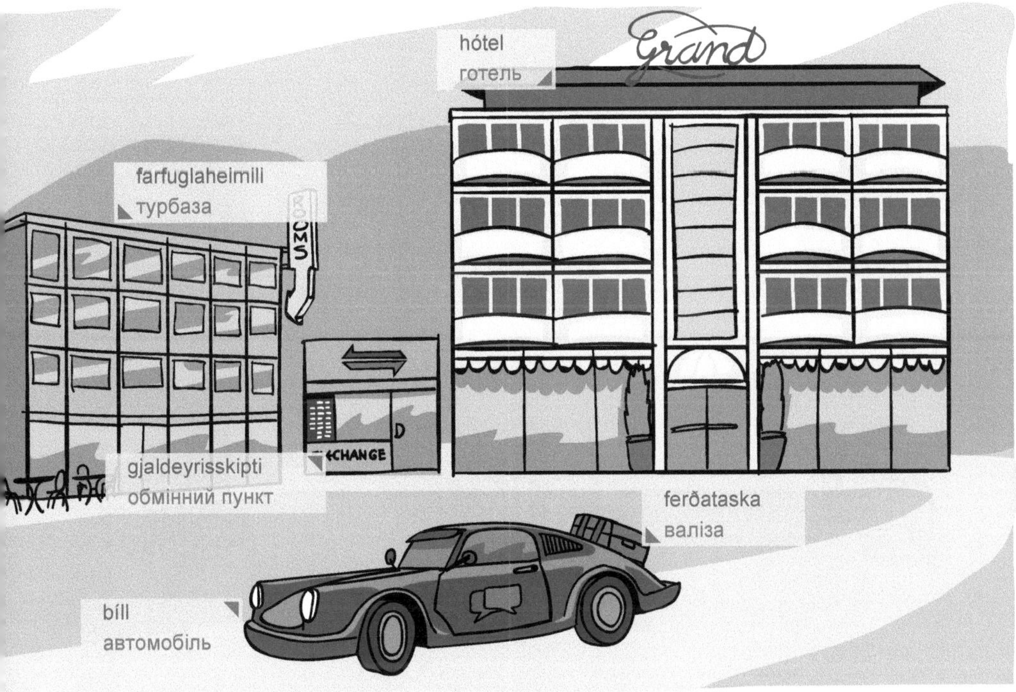

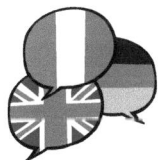

tungumál

мова

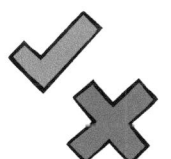

já / nei

так / ні

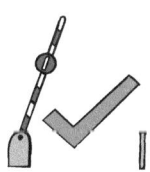

allt í lagi

добре

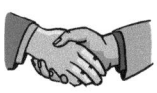

halló

привіт

þýðandi

перекладач

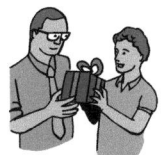

takk fyrir

дякую

hvað kostar...?

Скільки коштує ...?

Ég skil ekki

Я не розумію

vandamál

проблема

Gott kvöld!

Добрий вечір!

Góðan dag!

Доброго ранку!

Góða nótt!

На добраніч!

bless bless

До побачення

átt

напрямок

farangur

багаж

taska

сумка

bakpoki

рюкзак

gestur

гість

herbergi

кімната

svefnpoki

спальний мішок

tjald

намет

upplýsingamiðstöð

туристична інформація

strönd

пляж

kreditkort

кредитна картка

morgunverður

сніданок

hádegisverður

обід

kvöldmatur

вечеря

farmiði

квиток

lyfta

ліфт

frímerki

поштова марка

landamæri

межа

tollur

митниця

sendiráð

посольство

vegabréfsáritun

віза

vegabréf

паспорт

samgöngur
транспорт

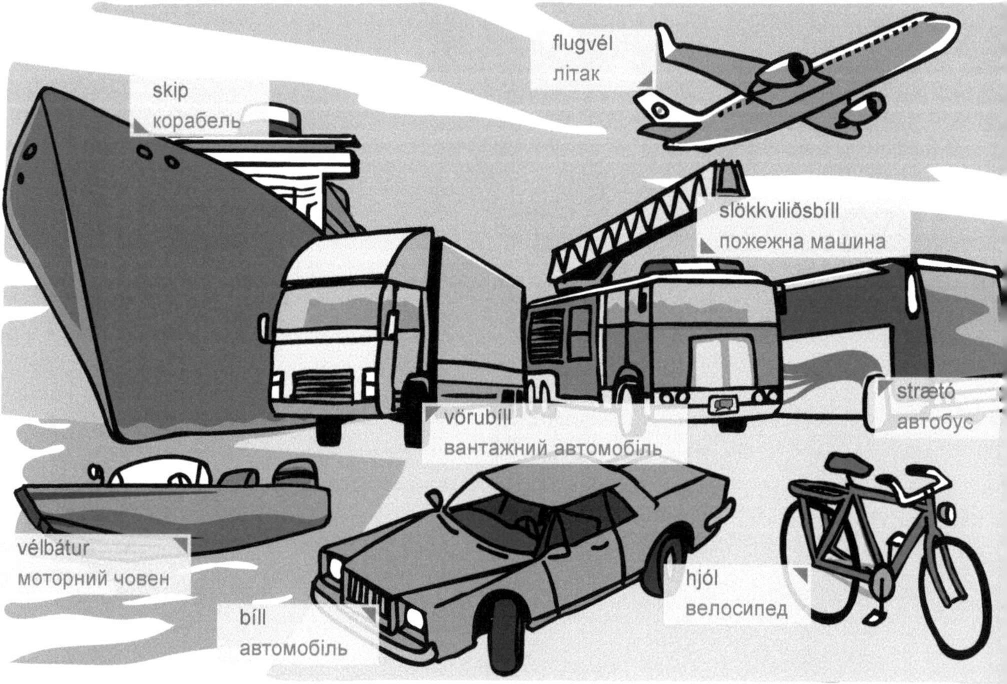

flugvél
літак
skip
корабель
slökkviliðsbíll
пожежна машина
strætó
автобус
vörubíll
вантажний автомобіль
vélbátur
моторний човен
hjól
велосипед
bíll
автомобіль

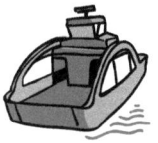

ferja

пором

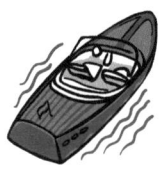

bátur

човен

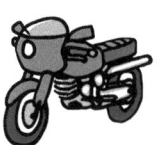

mótorhjól

мотоцикл

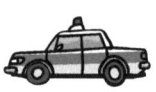

lögreglubíll

поліцейська машина

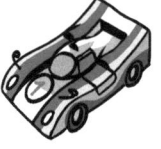

kappakstursbíll

гоночний автомобіль

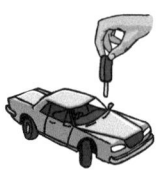

bílaleigubíll

автомобіль на прокат

bílasamneyti
льне користування авто

dráttarbíll
евакуатор

öskubíll
сміттєвоз

vél
двигун

eldsneyti
паливо

bensínstöð
автозаправна станція

umferðarskilti
дорожній знак

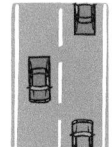

umferð
рух

umferðarteppa
затор

bílastæði
стоянка

lestarstöð
вокзал

járnbrautarteinar
рейки

lest
потяг

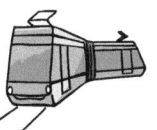

sporvagn
трамвай

vagn
вагон

þyrla
гелікоптер

flugvöllur
аеропорт

turn
вежа

farþegi
пасажир

gámur
контейнер

pappakassi
коробка

kerra
візок

karfa
кошик

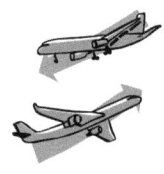

takast á loft / lenda
стартувати / приземлятися

borg
місто

þorp
село

miðbær
центр міста

hús
дім

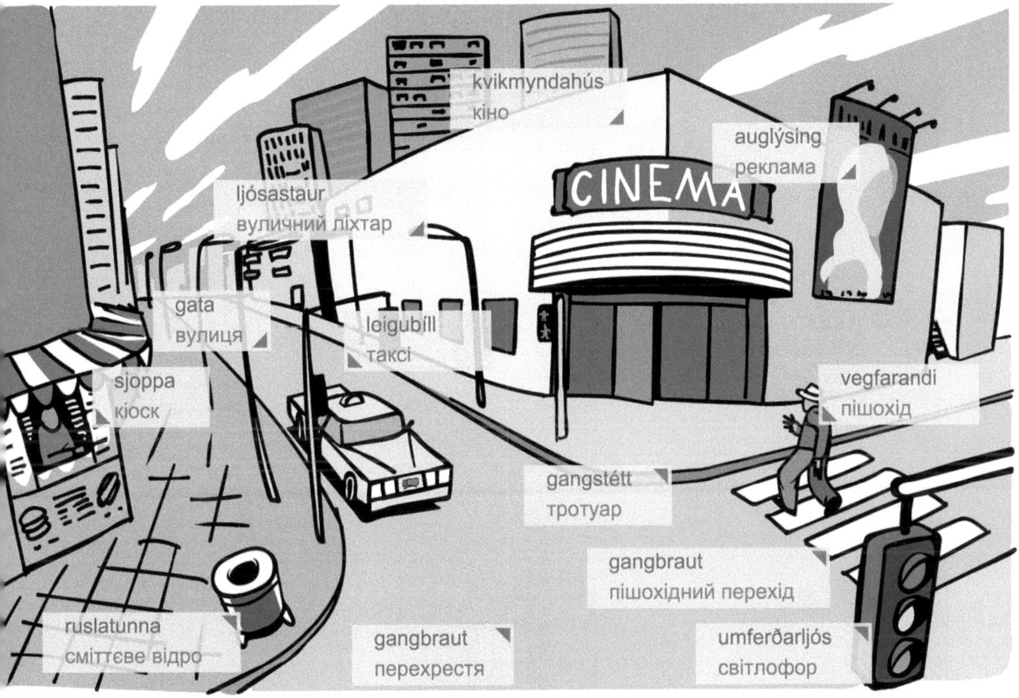

kvikmyndahús
кіно

auglýsing
реклама

ljósastaur
вуличний ліхтар

CINEMA

gata
вулиця

leigubíll
таксі

sjoppa
кіоск

vegfarandi
пішохід

gangstétt
тротуар

gangbraut
пішохідний перехід

ruslatunna
сміттєве відро

gangbraut
перехрестя

umferðarljós
світлофор

skáli

хатина

íbúð

квартира

lestarstöð

вокзал

ráðhús

ратуша

safn

музей

skóli

школа

háskóli
університет

banki
банк

sjúkrahús
лікарня

hótel
готель

apótek
аптека

skrifstofa
офіс

bókabúð
книжковий магазин

búð
магазин

blómabúð
квітковий магазин

kjörbúð
супермаркет

markaður
ринок

stórmarkaður
універмаг

fiskbúð
торговець рибою

verslunarmiðstöð
торговельний центр

höfn
гавань

almenningsgarður

парк

bekkur

лава

brú

міст

stigi

сходи

neðanjarðarlest

метро

göng

тунель

biðstöð

автобусна зупинка

bar

бар

veitingastaður

ресторан

póstkassl

поштова скринька

gotuskilti

вулична табличка

stöðumælir

лічильник паркування

dýragarður

зоопарк

sundlaug

басейн

moska

мечеть

bær

ферма

mengun

забруднення
навколишнього
середовища

kirkjugarður

кладовище

kirkja

церква

leiksvæði

дитячий майданчик

musteri

храм

landslag
ландшафт

laufblað
листок

leiðarvísir
вказівний стовп

leið
шлях

engi
луг

steinn
камінь

göngufólk
мандрівник

tré
дерево

á
річка

gras
трава

blóm
квітка

dalur
долина

hæð
гора

stöðuvatn
озеро

skógur
ліс

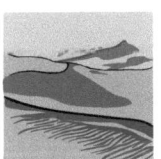

eyðimörk
пустеля

eldfjall
вулкан

kastali
замок

regnbogi
веселка

sveppur
гриб

pálmatré
пальма

moskitófluga
комар

fluga
муха

maur
мурашка

býfluga
бджола

kónguló
павук

bjalla

жук

froskur

жаба

íkorni

вивірка

broddgöltur

їжак

héri

заєць

ugla

сова

fugl

птах

svanur

лебідь

villisvín

кабан

dádýr

олень

elgur

лось

stífla

гребля

vindmylla

вітряк

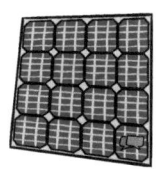

sólarrafhlaða

сонячний модуль

loftslag

клімат

þjónn
офіціант

matseðill
меню

stóll
стілець

súpa
суп

pizza
піца

hnífapör
столові прилади

dúkur
скатертина

forréttur

закуска

aðalréttur

друга страва

eftirréttur

десерт

drykkir

напої

matur

їжа

flaska

пляшка

skyndibiti

фаст-фуд

götumatur

вулична їжа

teketill

чайник

sykurskál

цукорниця

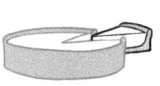

skammtur

порція

espressovél

еспресо-машина

barnastóll

високий стільчик

reikningur

рахунок

bakki

піднос

hnífur

ніж

gaffall

вилка

skeið

ложка

teskeið

чайна ложка

servíetta

серветка

glas

склянка

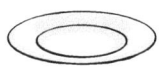

diskur

тарілка

súpudiskur

тарілка для супу

undirskál

блюдце

sósa

соус

saltstaukur

солонка

piparkvörn

млин для перцю

edik

оцет

olía

масло

krydd

спеції

tómatsósa

кетчуп

sinnep

гірчиця

majónes

майонез

kjörbúð

супермаркет

tilboð
пропозиція
FOR
viðskiptavinur
клієнт
mjólkurvörur
молочні продукти
ávöxtur
фрукти
búðarkerra
візок для покупок

BUTCHERS

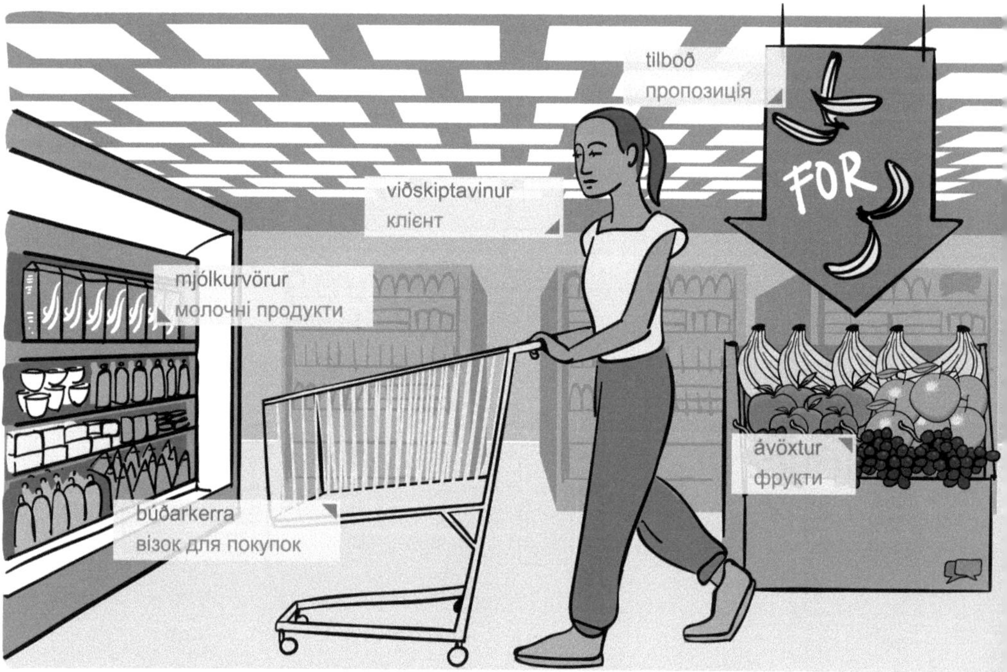

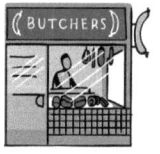

slátrari

м'ясний магазин

BAKERY

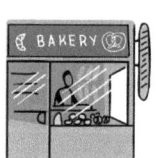

bakarí

пекарня

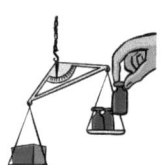

vega

зважувати

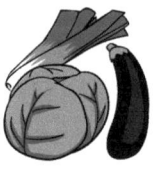

grænmeti

овочі

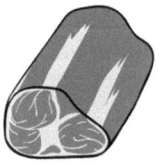

kjöt

м'ясо

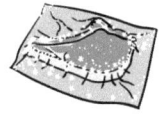

frosinn matur

заморожені продукти

kjötálegg

ковбасна нарізка

niðursoðinn matur

консерви

þvottaefni

пральний порошок

sælgæti

солодощи

vörur til heimilisnota

предмети домашнього побуту

hreinsiefni

мийний засіб

afgreiðslukona

продавщиця

afgreiðslukassi

каса

gjaldkeri

касир

Innkaupalisti

список покупок

opnunartímar

часи роботи

veski

гаманець

kreditkort

кредитна картка

poki

сумка

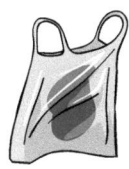

plastpoki

поліетиленовий пакет

vatn

вода

safi

сік

mjólk

молоко

kók

кола

vín

вино

bjór

пиво

áfengi

алкоголь

kakó

какао

te

чай

kaffi

кава

espresso

еспресо

kaffi

капучіно

banani

банан

epli

яблуко

appelsínugulur

апельсин

melóna

кавун

sítróna

лимон

gulrót

морква

hvítlaukur

часник

bambus

бамбук

laukur

цибуля

sveppir

гриб

hnetur

горішки

núðlur

локшина

spagettí

спагеті

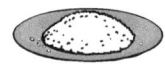

hrísgrjón

рис

salat

салат

franskar kartöflur

картопля фрі

steiktar kartöflur

смажена картопля

pizza

піца

hamborgari

гамбургер

samloka

бутерброд

snitsel

шніцель

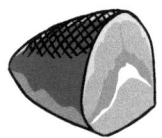

skinka

шинка

salami

салямі

pylsa

ковбаса

kjúklingur

курка

steik

печеня

fiskur

риба

haframjöl

вівсяні пластівці

múslí

мюслі

kornflögur

кукурудзяні пластівці

hveiti

борошно

franskt horn

круасан

smábrauð

булочка

brauð

хліб

ristað brauð

тостовий хліб

kex

печиво

smjör

масло

ystingur

сир

kaka

пиріг

egg

яйце

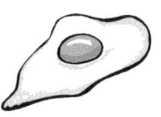

spælt egg

яєчня

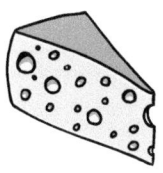

ostur

сир

ís

морозиво

sykur

цукор

hunang

мед

sulta

мармелад

súkkulaðiálegg

нуга-крем

karrý

карі

bær
ферма

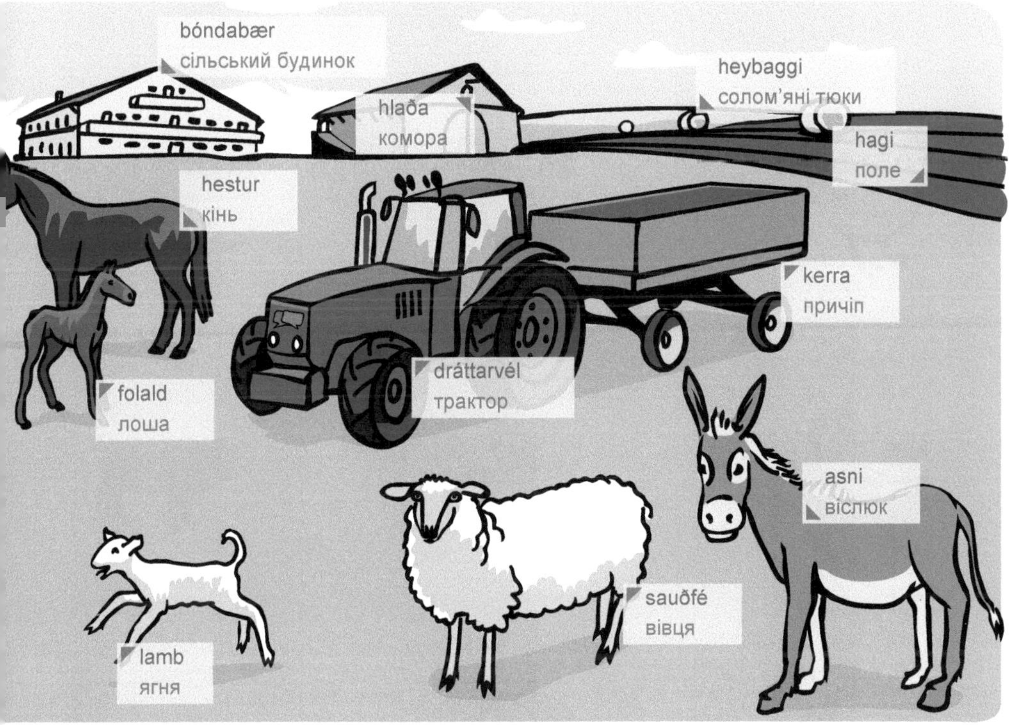
bóndabær
сільський будинок
hlaða
комора
heybaggi
солом'яні тюки
hagi
поле
hestur
кінь
kerra
причіп
dráttarvél
трактор
folald
лоша
asni
віслюк
sauðfé
вівця
lamb
ягня

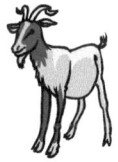

geit

коза

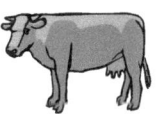

kýr

корова

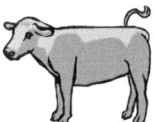

kálfur

теля

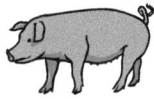

svín

свиня

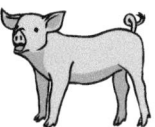

grís

порося

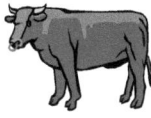

naut

бик

gæs	önd	ungi
гусак	качка	курча

hæna	hani	rotta
курка	півень	щур

köttur	mús	uxi
кіт	миша	віл

hundur	hundakofi	garðslanga
собака	собача будка	садовий шланг

garðkanna	ljár	plógur
лійка	коса	плуг

sigð
серп

hlújárn
мотика

heygaffall
вила

öxi
сокира

hjólbörur
тачка

trog
корито

mjólkurfata
бідон молока

poki
мішок

girðing
паркан

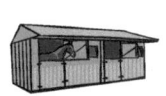

gripahús
хлів

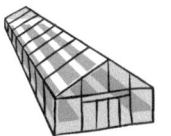

gróðurhús
теплиця

jarðvegur
ґрунт

fræ
насіння

áburður
добриво

kornskurðarvél
комбайн

uppskera

пожинати

uppskera

урожай

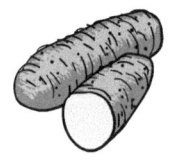

kínverskar kartöflur

корінь ямсу

hveiti

пшениця

soja

соя

kartafla

картопля

maís

кукурудза

repja

ріпак

ávaxtatré

плодове дерево

maníókarót

маніок

korn

злаки

strompur
димохід

þak
дах

niðurfall
водостічний лоток

gluggi
вікно

bílskúr
гараж

dyrabjalla
дзвінок

dyr
двері

öskutunna
відро для сміття

póstkassi
поштова скринька

garður
сад

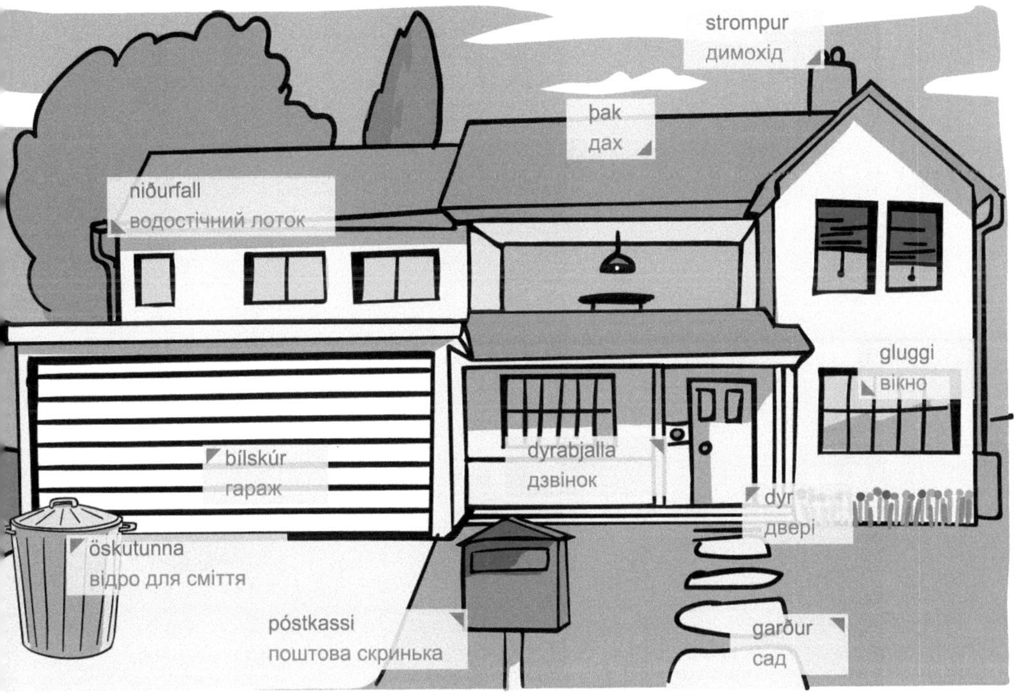

stofa

вітальня

baðherbergi

ванна кімната

eldhús

кухня

svefnherbergi

спальня

barnaherbergi

дитяча кімната

borðstofa

їдальня

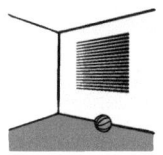

gólf

підлога

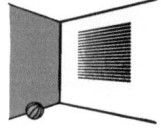

veggur

стіна

loft

стеля

kjallari

підвал

gufubað

сауна

svalir

балкон

verönd

тераса

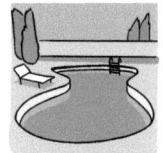

sundlaug

басейн

sláttuvél

косарка

lak

простирало

rúmteppi

ковдра

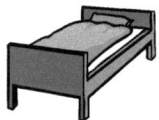

rúm

ліжко

kústur

мітла

fata

відро

rofi

перемикач

stofa
вітальня

veggfóður
шпалери
ljósmynd
малюнок
lampi
лампа
hilla
поличка
skápur
шафа
sjónvarp
телевізор
arinn
камін
blóm
квітка
púði
подушка
sófi
диван
vasi
ваза
fjarstýring
пульт

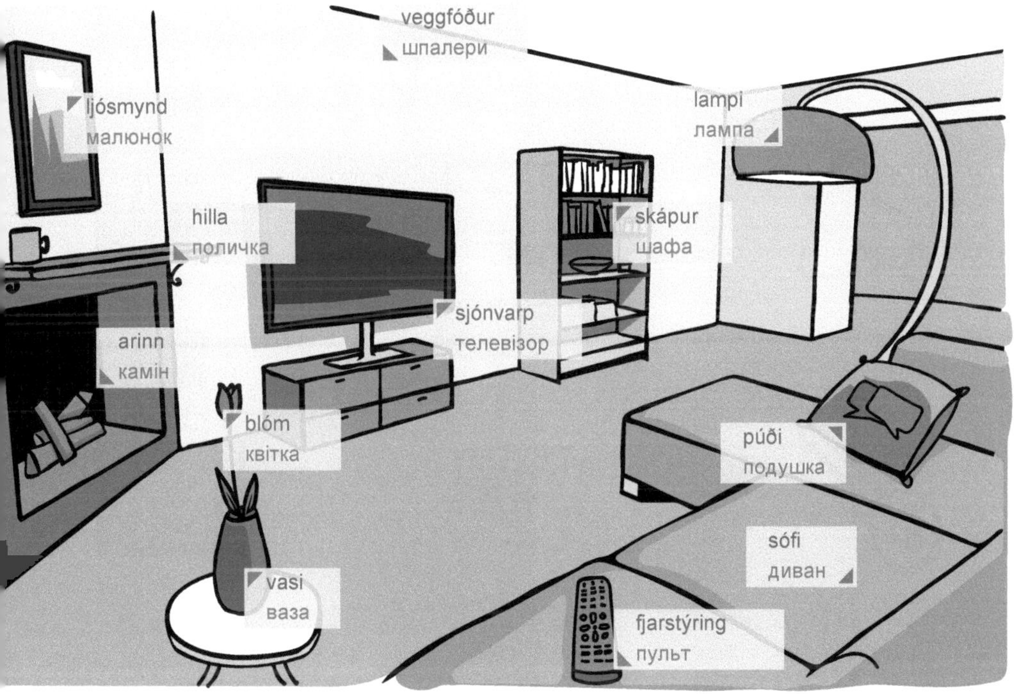

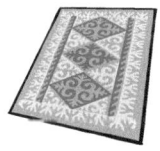

teppi
килим

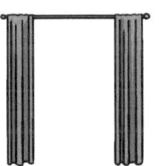

gardínur
завіса

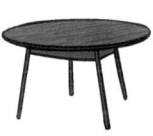

borð
стіл

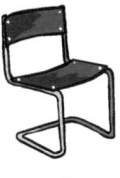

stóll
стілець

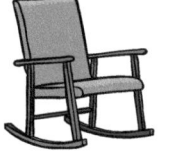

ruggustóll
крісло-гойдалка

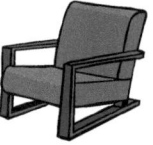

hægindastóll
крісло

bók

книга

sæng

ковдра

skraut

прикраса

eldiviður

дрова

mynd

фільм

hljómflutningstæki

стереосистема

lykill

ключ

dagblað

газета

málverk

картина

veggspjald

плакат

útvarp

радіо

minnisbók

блокнот

ryksuga

пилосос

kaktus

кактус

kerti

свічка

eldhús
кухня

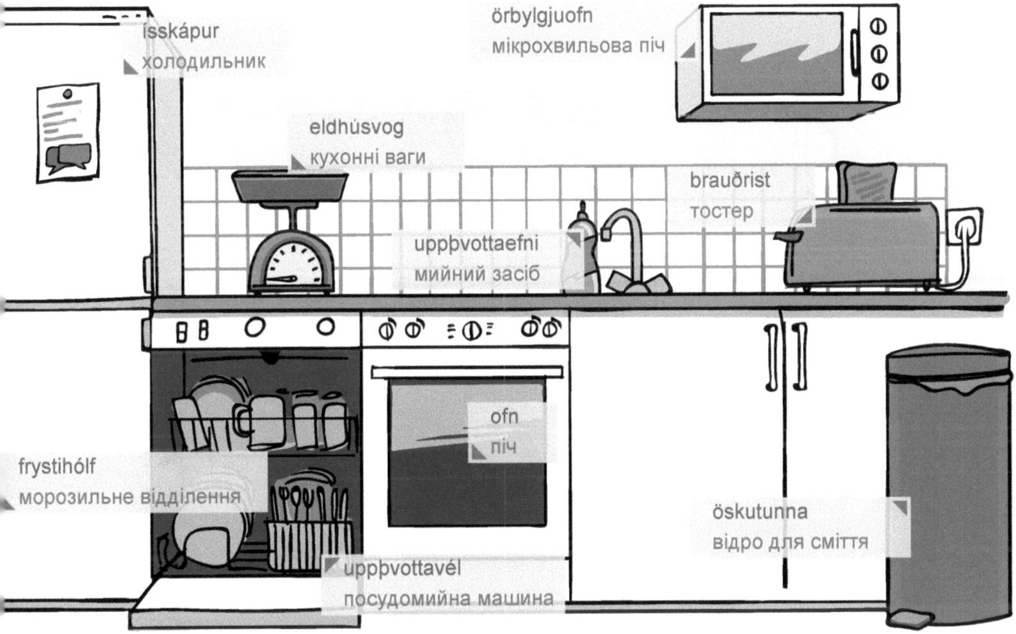

ísskápur
холодильник
örbylgjuofn
мікрохвильова піч
eldhúsvog
кухонні ваги
brauðrist
тостер
uppþvottaefni
мийний засіб
ofn
піч
frystihólf
морозильне відділення
öskutunna
відро для сміття
uppþvottavél
посудомийна машина

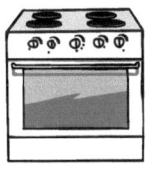

eldavél

плита

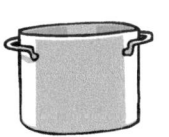

pottur

горщик

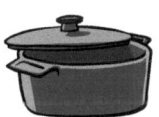

steypujárnspottur

чавунний горщик

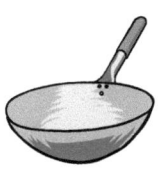

wok/kadai

вок / кадай

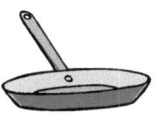

panna

сковорода

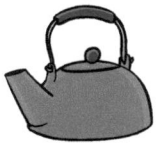

ketill

чайник

gufukarfa

пароварка

ofnform

лист

leirtau

посуд

mál

кухоль

skál

чаша

prjónar

палички для їжі

ausa

черпак

spaði

лопатка

pískur

вінчик для збивання

sigti

сито

málmsigti

сито

rifjárn

терка

mortél

ступка

grill

барбекю

opinn eldur

багаття

skurðarbretti

дошка

kökukefli

качалка

tappatogari

штопор

dós

конзерва

dósaopnari

відкривачка

pottaleppur

прихватки

vaskur

раковина

bursti

щітка

svampur

губка

blandari

міксер

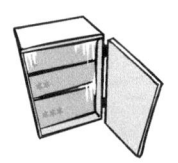

frystir

морозильна камера

peli

дитяча пляшка

blöndunartæki

кран

eldhús - кухня

baðherbergi
ванна кімната

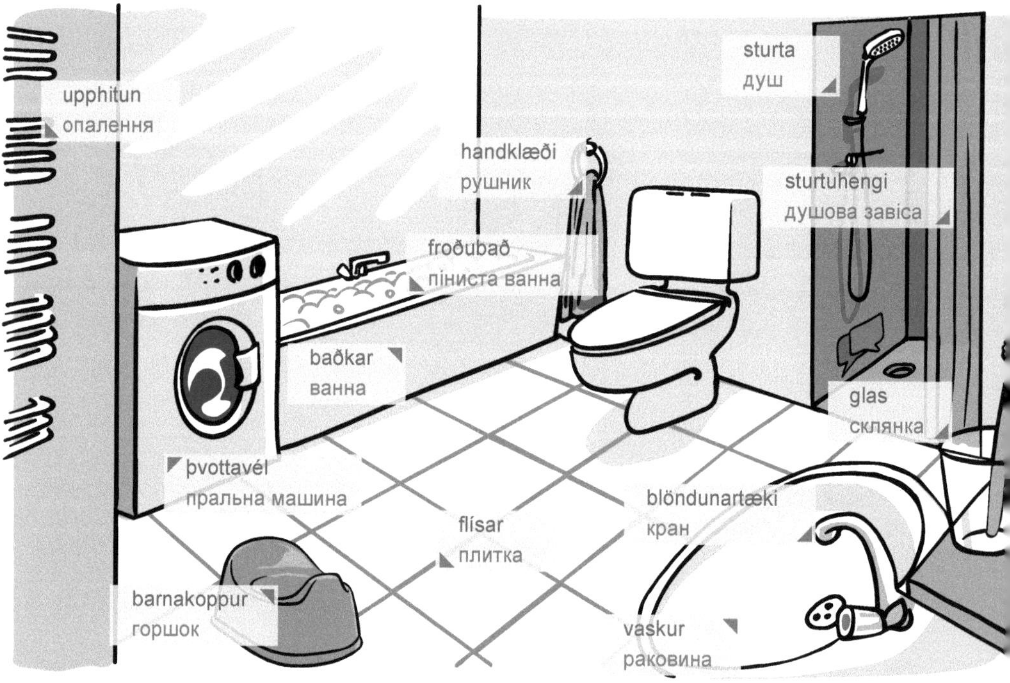

upphitun
опалення
sturta
душ
handklæði
рушник
sturtuhengi
душова завіса
froðubað
пініста ванна
baðkar
ванна
glas
склянка
þvottavél
пральна машина
blöndunartæki
кран
flísar
плитка
barnakoppur
горшок
vaskur
раковина

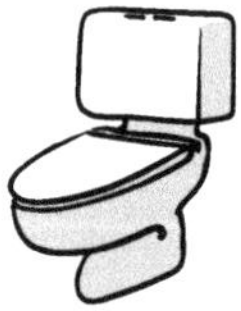

salerni

туалет

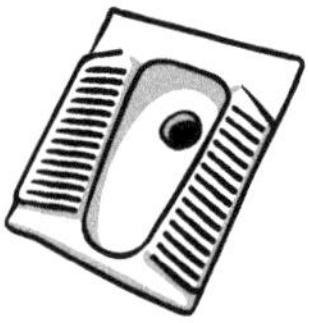

salerni án setu

підлоговий туалет

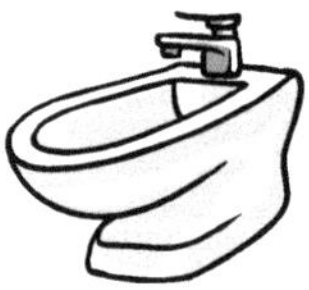

skolskál

біде

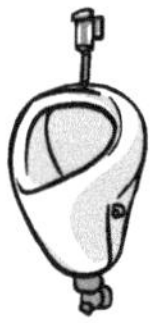

þvagskál

пісуар

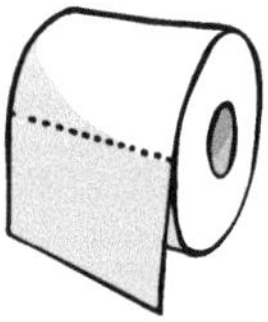

salernispappír

туалетний папір

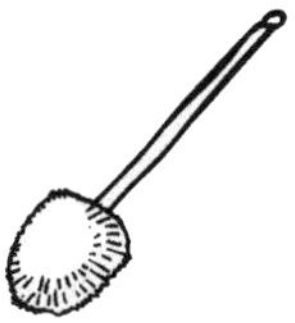

salernisbursti

щітка для туалету

tannbursti

зубна щітка

tannkrem

зубна паста

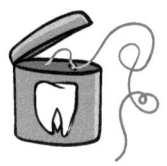

tannþráður

нитка для чищення зубів

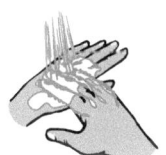

þvo

мити

handsturta

ручний душ

salernissturta

інтимний душ

vaskur

таз

bakbursti

щітка для спини

sápa

мило

sturtugel

гель для душу

sjampó

шампунь

flannel

мочалка

niðurfall

водостік

krem

крем

svitalyktareyðir

дезодорант

spegill

дзеркало

handspegill

косметичне дзеркало

rakskafa

бритва

raksápa

піна для гоління

rakspíri

лосьйон після гоління

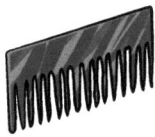

greiða

гребінь

bursti

щітка

hárþurrka

фен

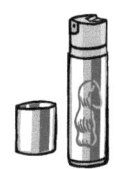

hársprey

лак для волосся

farði

косметика

varalitur

губна помада

naglalakk

лак для нігтів

bómull

вата

naglaklippur

ножиці для нігтів

ilmvatn

парфум

þvottapoki

косметичка

kollur

табурет

vog

ваги

sloppur

халат

gúmmíhanskar

гумові рукавички

tíðatappi

тампон

dömubindi

гігієнічні прокладки

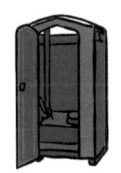

efnasalerni

біотуалет

barnaherbergi
дитяча кімната

vekjaraklukka
будильник
mjúkt leikfang
м'яка іграшка
leikfangabíll
іграшковий автомобіль
hrista
брязкальце
dúkkuhús
ляльковий будиночок
gjöf
подарунок

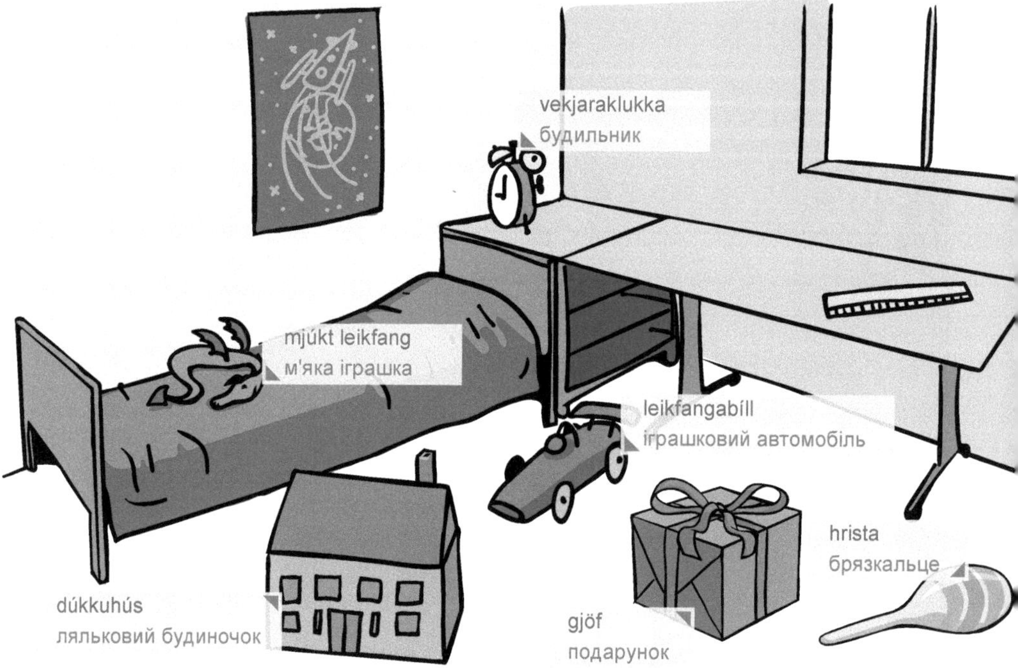

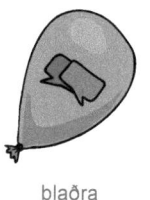

blaðra

повітряна кулька

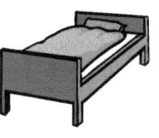

rúm

ліжко

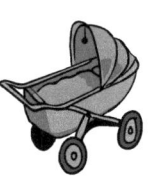

barnavagn

дитячий візок

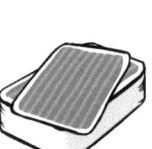

spilastokkur

картярська гра

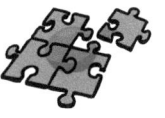

púsluspil

пазл

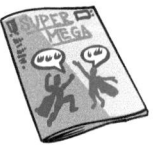

myndasaga

комікс

legókubbar
лего цеглинки

leikfangakubbar
блоки

leikfangakall
іграшкова фігурка

samfestingur
повзунки

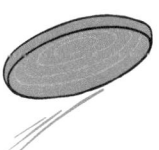

Frisbídiskur
фризбі

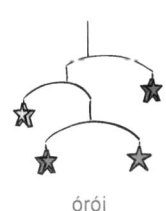

órói
мобіле

spilaborð
настільна гра

teningar
кубик

lestarlíkan
модель залізнична станція

snuð
соска

veisla
вечірка

myndabók
книжка з картинками

bolti
м'яч

brúða
лялька

spila
грати

sandkassi
пісочниця

sveifla
гойдалка

leikföng
іграшка

leikjatölva
гральна консоль

þríhjól
триколісний велосипед

bangsi
плюшевий мішка

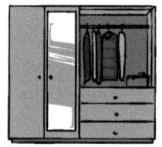

fataskápur
шафа

föt

одяг

sokkar
шкарпетки

kvensokkabuxur
панчохи

sokkabuxur
колготки

trefill
шарф

belti
ремінь

regnhlíf
парасоля

stuttermabolur
футболка

strigaskór
кросівки

skór
чоботи

inniskór
домашнє взуття

sandalar
......
сандалі

skór
......
взуття

gúmmístígvél
......
гумові чоботи

nærbuxur
......
труси

brjóstahaldari
......
бюстгальтер

vesti
......
нижня сорочка

samfella

боді

buxur

штани

gallabuxur

джинси

pils

спідниця

blússa

блузка

skyrta

сорочка

peysa

пуловер

hettupeysa

светр

jakki

піджак

jakki

куртка

frakki

пальто

regnfrakki

дощовик

dragt

костюм

kjóll

сукня

brúðarkjóll

весільна сукня

jakkaföt

костюм

náttkjóll

нічна сорочка

náttföt

піжама

Sari

сарі

höfuðslæða

головна хустка

túrban

чалма

búrka

бурка

kaftan

кафтан

abaya

абая

sundföt

купальник

sundbuxur

плавки

stuttbuxur

шорти

íþróttagalli

тренувальний костюм

svunta

фартух

hanskar

рукавички

hnappur

гудзик

gleraugu

окуляри

armband

браслет

hálsmen

ланцюг

hringur

кільце

eyrnalokkur

сережка

húfa

шапка

herðatré

плічка

hattur

капелюх

bindi

краватка

rennilás

застібка-блискавка

hjálmur

шолом

axlabönd

підтяжки

skólabúningur

шкільна форма

einkennisbúningur

уніформа

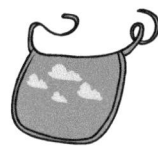

smekkur

нагрудник

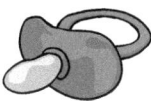

snuð

соска

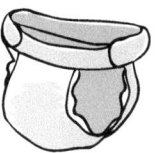

bleyja

підгузок

skrifstofa
офіс

netþjónn
сервер
skjalaskápur
шаф для документів
prentari
принтер
pappír
папір
skjár
монітор
skrifborð
письмовий стіл
mús
миша
mappa
папка
lyklaborð
синтезатор
ruslakarfa
кошик для паперу
tölva
комп'ютер
stóll
стілець

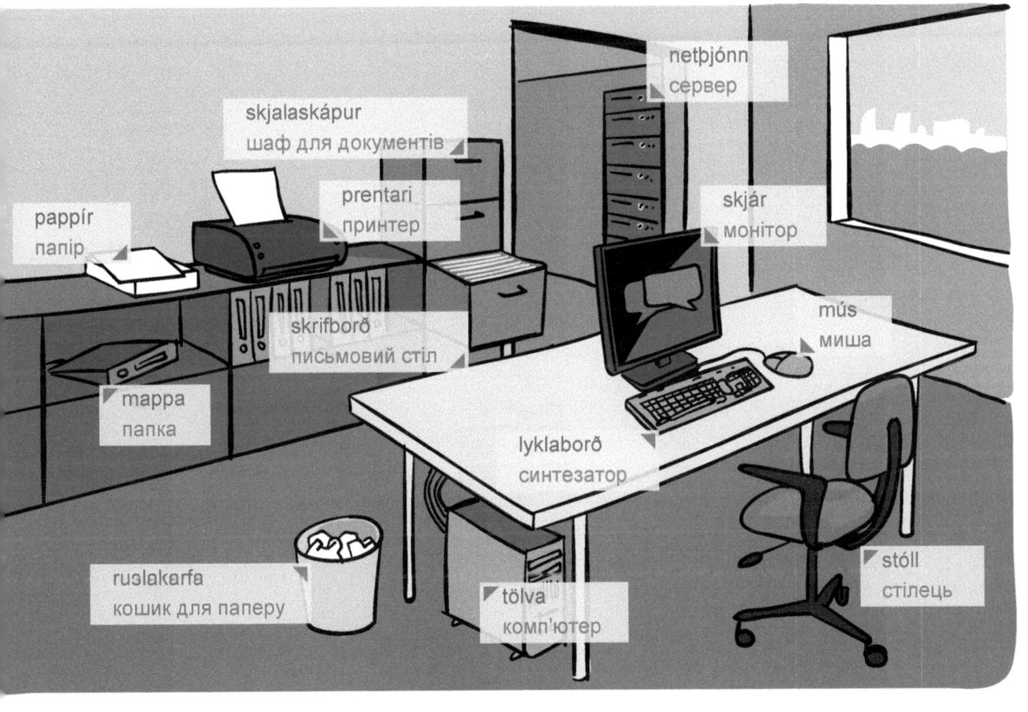

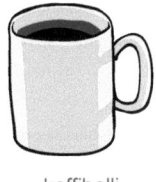

kaffibolli

кавовий кухоль

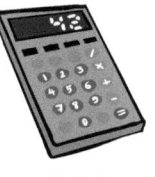

reiknivél

калькулятор

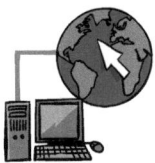

internet

інтернет

fartölva

ноутбук

bréf

лист

skilaboð

повідомлення

farsími

мобільний телефон

net

мережа

ljósritunarvél

копіювальний пристрій

hugbúnaður

програмне забезпечення

sími

телефон

innstunga

розетка

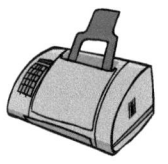

faxtæki

факс

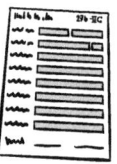

eyðublað

бланк

skjal

документ

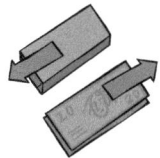

kaupa

купувати

borga

платити

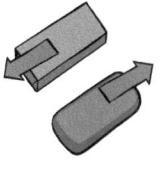

versla

торгувати

peningar

гроші

dollari

долар

evra

євро

jen

ієна

rúbla

рубль

svissneskur franki

франк

renminbi yuan

юанів женьміньбі

rúpíur

рупія

hraðbanki

банкомат

gjaldeyrisskipti

обмінний пункт

gull

золото

silfur

срібло

olía

нафта

orka

енергія

verð

ціна

samningur

контракт

skattur

податок

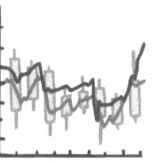

hlutabréf

акція

vinna

працювати

starfsmaður

працівник

vinnuveitandi

роботодавець

verksmiðja

фабрика

búð

магазин

starfsgreinar
професії

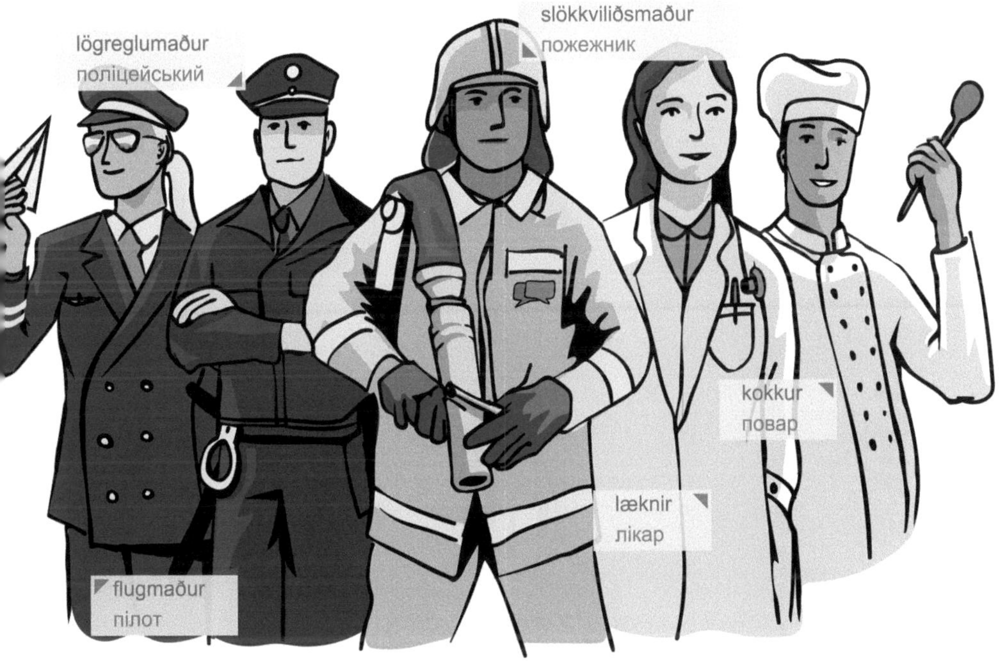

lögreglumaður
поліцейський
slökkviliðsmaður
пожежник
kokkur
повар
læknir
лікар
flugmaður
пілот

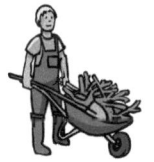

garðyrkjumaður

садівник

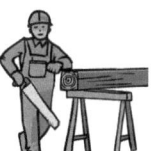

smiður

столяр

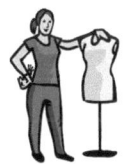

saumakona

швачка

dómari

суддя

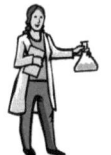

lyfjafræðingur

хімік

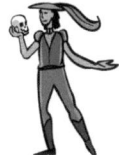

leikari

актор

strætóbílstjóri

водій автобуса

leigubílstjóri

таксист

sjómaður

рибалка

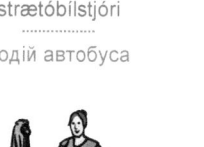

ræstitæknir

прибиральниця

þaksmiður

покрівельник

þjónn

офіціант

veiðimaður

мисливець

málari

художник

bakari

пекар

rafvirki

електрик

byggingaverkamaður

будівельник

verkfræðingur

інженер

slátrari

забійник

pípari

бляхар

póstmaður

листоноша

hermaður

солдат

arkitekt

архітектор

gjaldkeri

касир

blómasali

флорист

hárgreiðslumaður

перукар

lestarstjóri

кондуктор

vélvirki

механік

skipstjóri

капітан

tannlæknir

дантист

vísindamaður

вчений

rabbíi

рабин

Imam

імам

munkur

монах

prestur

пастор

verkfæri
інструменти

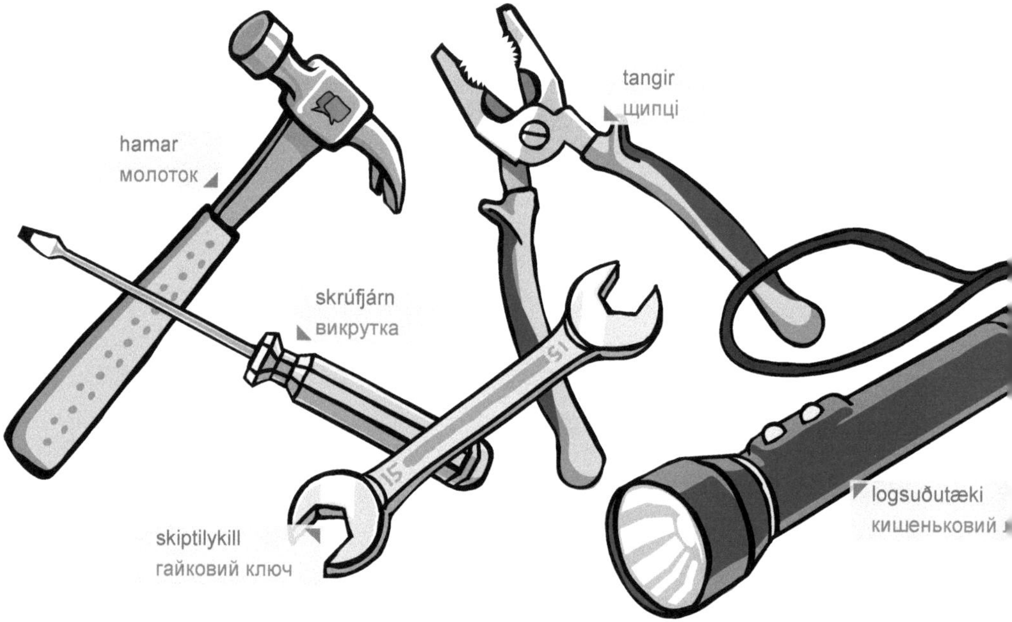

tangir
щипці
hamar
молоток
skrúfjárn
викрутка
logsuðutæki
кишеньковий
skiptilykill
гайковий ключ

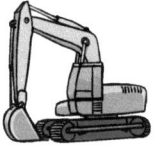

grafa
....
екскаватор

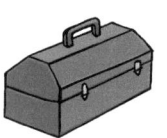

verkfærataska
....
ящик для інструментів

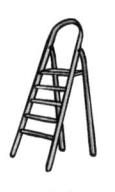

stigi
....
драбина

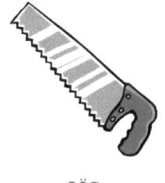

sög
....
пилка

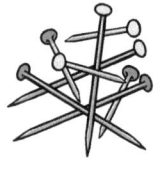

naglar
....
цвяхи

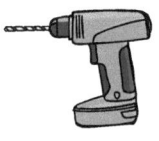

bor
....
свердло

gera við

ремонтувати

skófla

лопата

Fjandinn!

лайно!

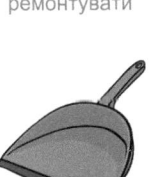

fægiskófla

совок

málningarfata

відро з фарбою

skrúfur

гвинти

hljóðfæri
музичні інструменти

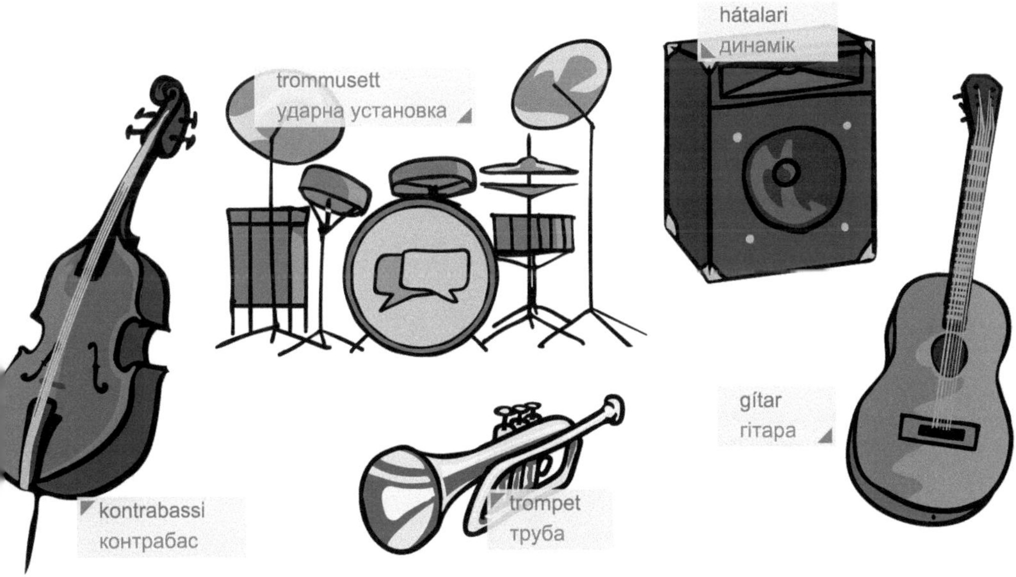

trommusett
ударна установка

hátalari
динамік

gítar
гітара

kontrabassi
контрабас

trompet
труба

píanó

фортепіано

fiðla

скрипка

bassi

бас

pákur

литаври

trommur

барабан

hljómborð

клавіатура

saxófónn

саксофон

flauta

флейта

hljóðnemi

мікрофон

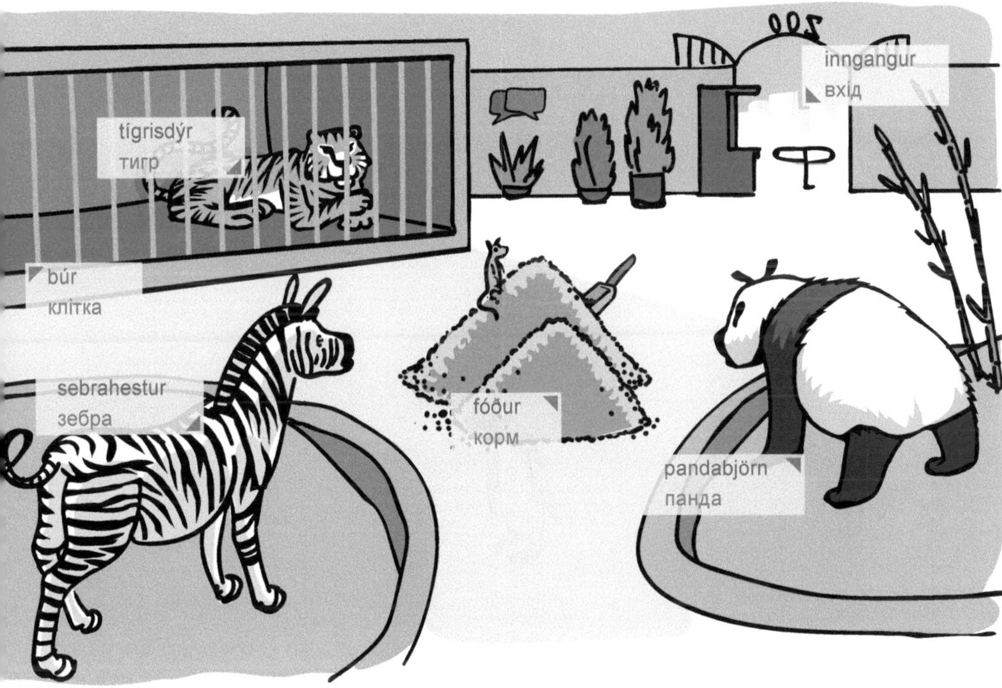

tígrisdýr
тигр

inngangur
вхід

búr
клітка

sebrahestur
зебра

fóður
корм

pandabjörn
панда

dýr

тварини

fíll

слон

kengúra

кенгуру

nashyrningur

носоріг

górilla

горила

skógarbjörn

ведмідь

úlfaldi

верблюд

strútur

страус

ljón

лев

api

мавпа

flamingó

фламінго

páfagaukur

папуга

ísbjörn

білий ведмідь

mörgæs

пінгвін

hákarl

акула

páfugl

павич

snákur

змія

krókódíll

крокодил

dýragarðsvörður

працівник зоопарку

selur

тюлень

jagúar

ягуар

hestur
поні

hlébarði
леопард

flóðhestur
гіпопотам

gíraffi
жираф

örn
орел

villisvín
кабан

fiskur
риба

skjaldbaka
черепаха

rostungur
морж

refur
лисиця

gasella
газель

Ameríkskur fótbolti
американський футбол

hjólreiðar
їзда на велосипеді

tennis
теніс

körfubolti
баскетбол

sund
плавання

hnefaleikar
бокс

íshokkí
хокей

fótbolti
футбол

hnit
бадмінтон

frjálsar íþróttir
легка атлетика

handbolti
гандбол

skíði
лижні перегони

póló
поло

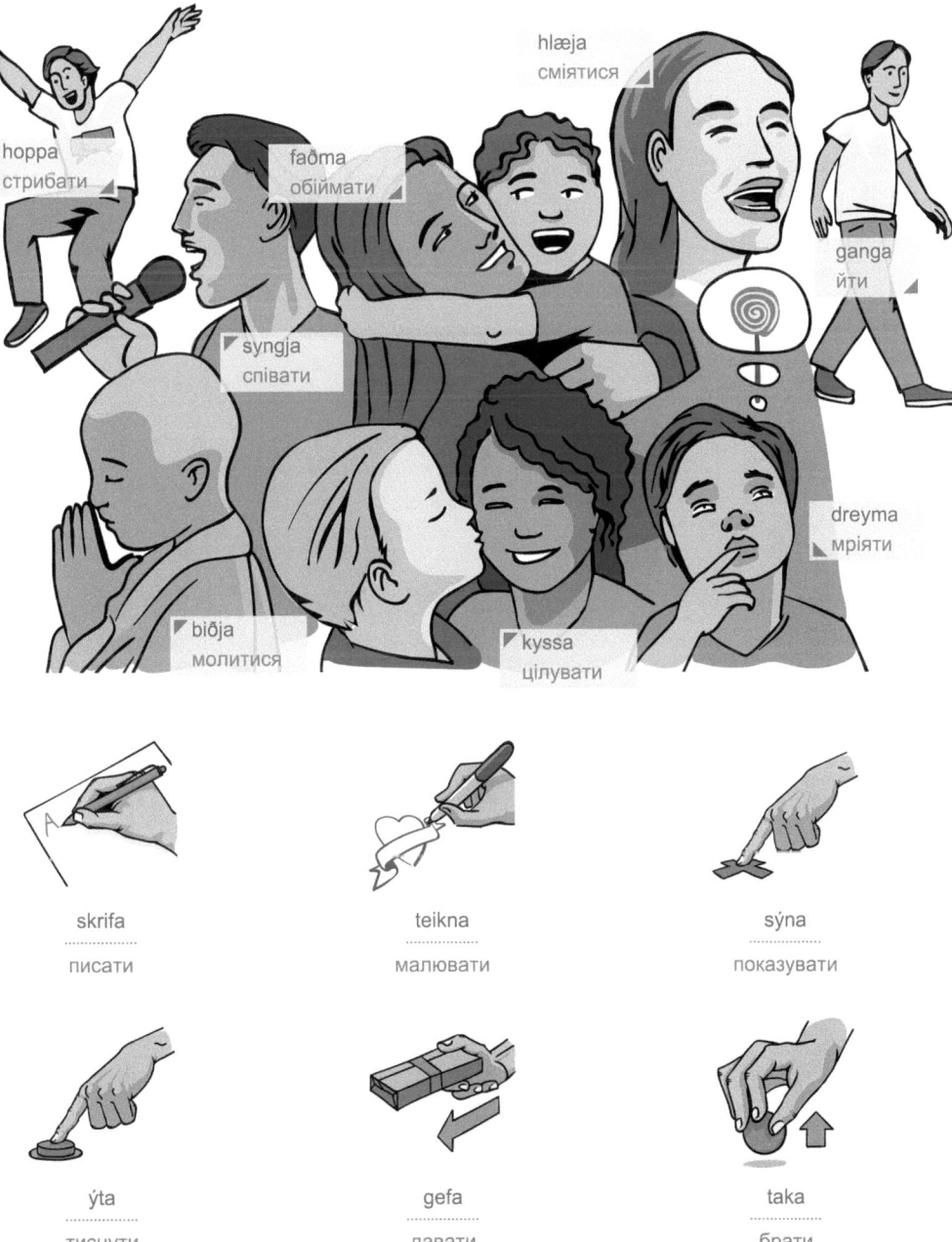

hlæja
сміятися

hoppa
стрибати

faðma
обіймати

ganga
йти

syngja
співати

dreyma
мріяти

biðja
молитися

kyssa
цілувати

skrifa
писати

teikna
малювати

sýna
показувати

ýta
тиснути

gefa
давати

taka
брати

hafa

мати

gera

робити

vera

бути

standa

стояти

hlaupa

бігати

draga

тягнути

kasta

кидати

detta

падати

ljúga

лежати

bíða

очікувати

bera

носити

sitja

сидіти

klæða sig

одягати

sofa

спати

vakna

просипатися

líta á
....
дивитися

gráta
....
плакати

strjúka
....
гладити

greiða
....
розчісувати

tala
....
розмовляти

skilja
....
розуміти

spyrja
....
питати

hlusta
....
слухати

drekka
....
пити

borða
....
їсти

taka til
....
прибирати

elska
....
любити

elda
....
варити

keyra
....
їхати

fljúga
....
літати

sigla

йти під вітрилом

reikna

рахувати

lesa

читати

læra

вчитися

vinna

працювати

giftast

одружуватися

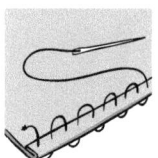

sauma

шити

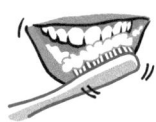

bursta tennur

чистити зуби

drepa

убивати

reykja

курити

senda

посилати

fjölskylda
сім'я

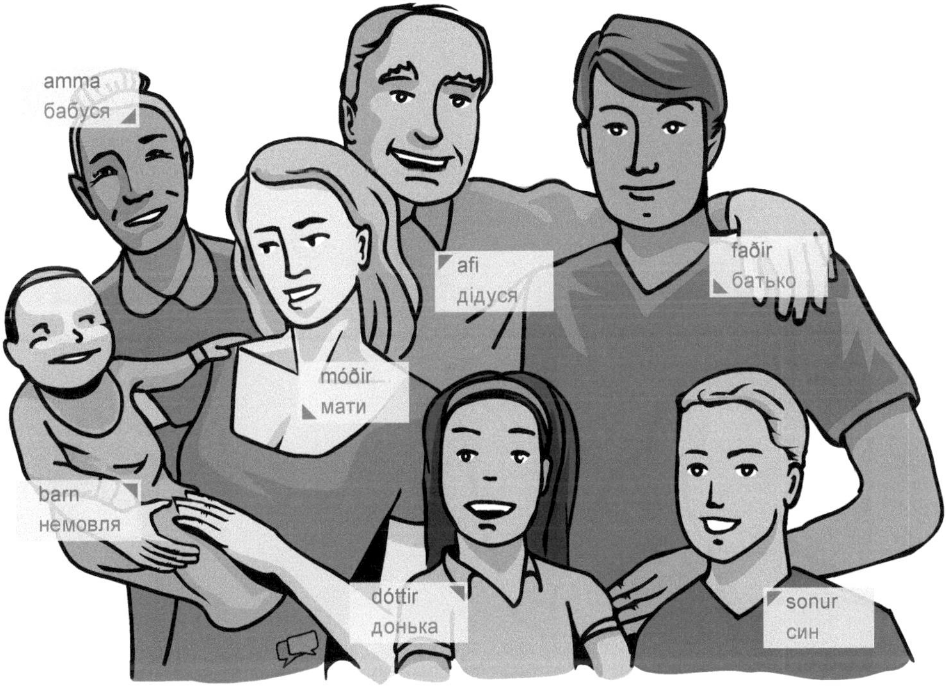

amma
бабуся
afi
дідуся
faðir
батько
móðir
мати
barn
немовля
dóttir
донька
sonur
син

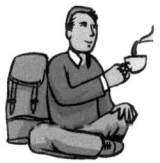

gestur

гість

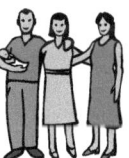

frænka

тітка

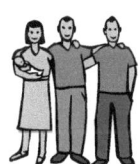

frændi

дядько

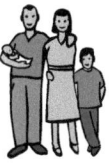

bróðir

брат

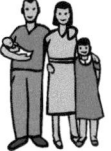

systir

сестра

líkami
тіло

enni
чоло
auga
око
andlit
обличчя
haka
підборіддя
brjóst
груди
fingur
палець
hönd
кисть
handleggur
рука
öxl
плече
fótleggur
нога

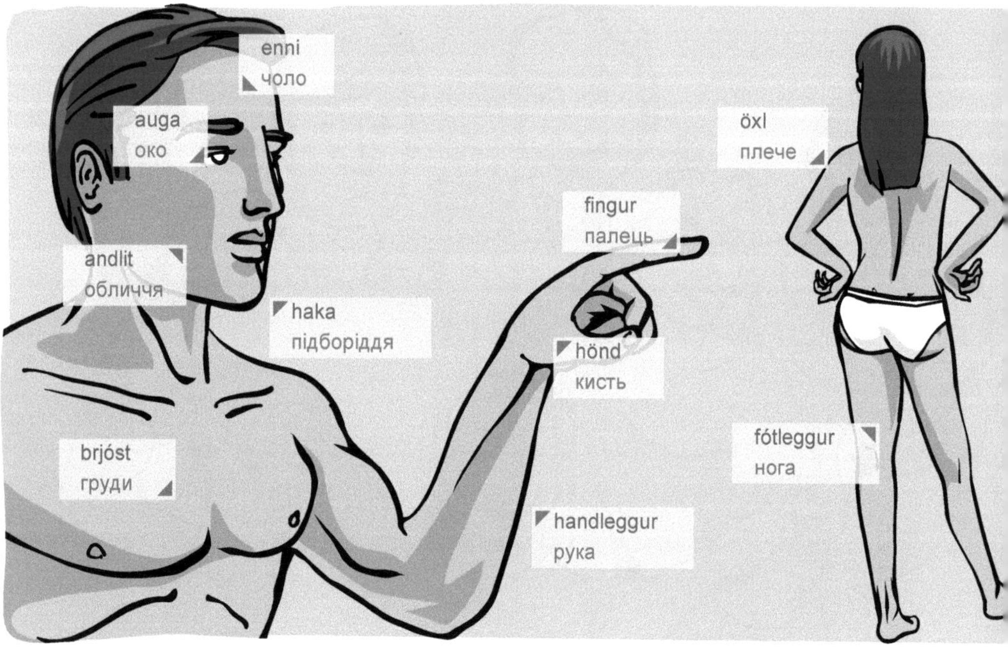

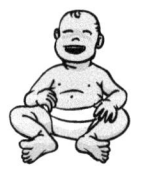

barn
немовля

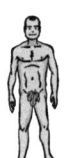

maður
чоловік

kona
жінка

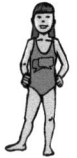

stúlka
дівчина

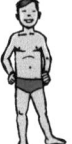

drengur
хлопчик

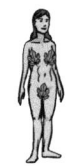

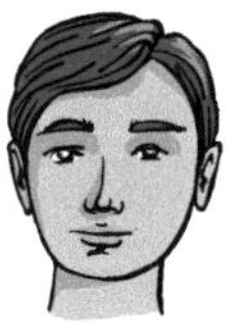

höfuð
голова

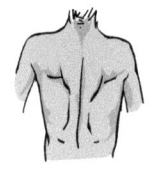

bak

спина

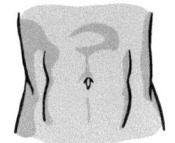

kviður

живіт

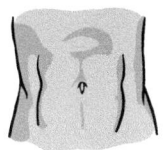

nafli

пуп

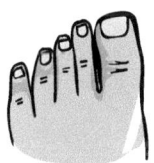

tá

палець ноги

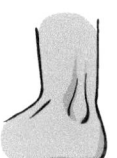

hæll

п'ята

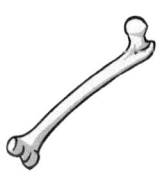

bein

кістка

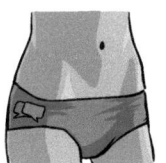

mjöðm

стегно

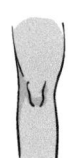

hné

коліно

olnbogi

лікоть

net

ніс

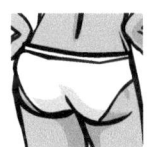

rass

сідниці

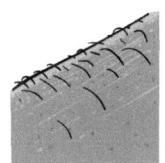

húð

шкіра

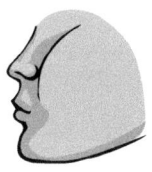

kinn

щока

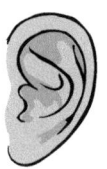

eyra

вухо

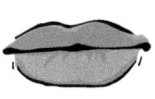

vör

губа

munnur

рот

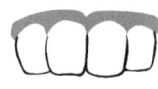

tönn

зуб

tunga

язик

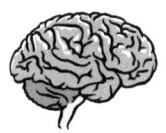

heili

мозок

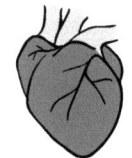

hjarta

серце

vöðvi

м'яз

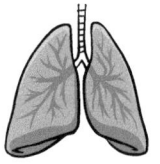

lunga

легені

lifur

печінка

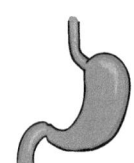

magi

шлунок

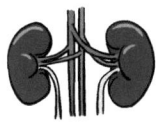

nýru

нирки

kynmök

статевий акт

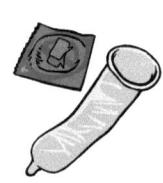

smokkur

презерватив

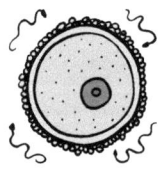

eggfruma

яйцеклітина

sæði

сперма

ólétta

вагітність

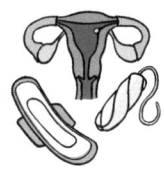

tíðir
менструація

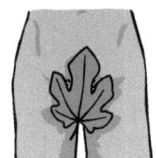

leggöng
вагіна

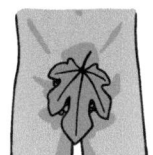

typpi
пеніс

augabrún
брова

hár
волосся

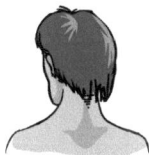

háls
шия

sjúkrahús

лікарня

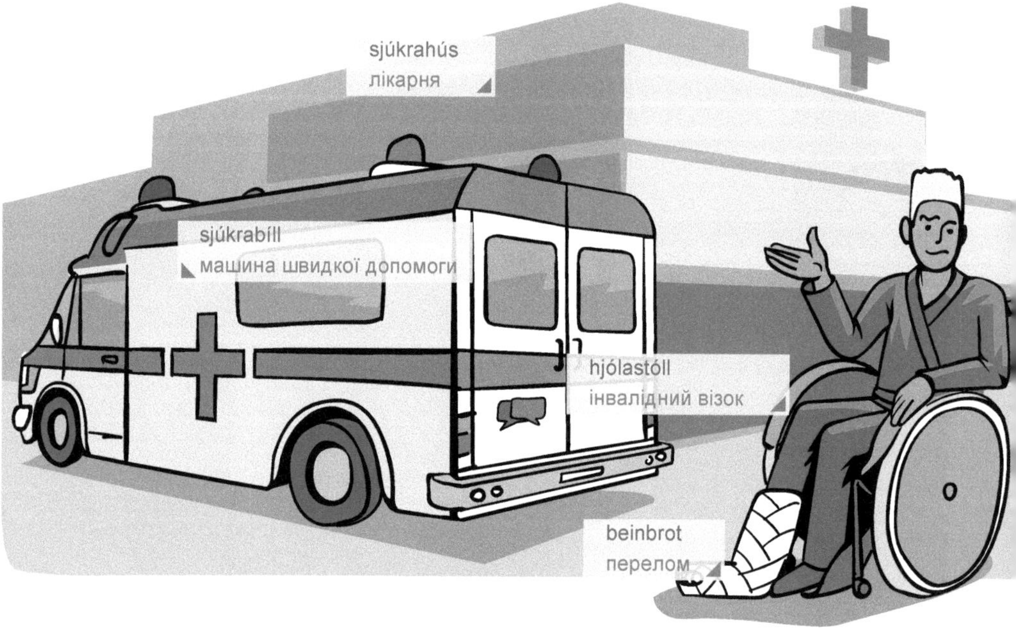

sjúkrahús
лікарня
sjúkrabíll
машина швидкої допомоги
hjólastóll
інвалідний візок
beinbrot
перелом

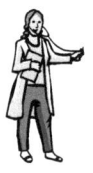

læknir

лікар

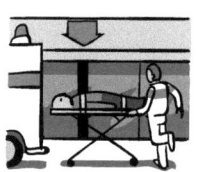

bráðamóttaka

відділення швидкої медичної допомоги

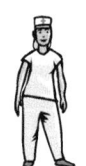

hjúkrunarfræðingur

медсестра

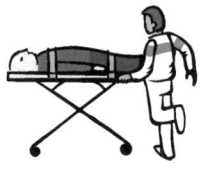

neyðartilvik

аварійний випадок

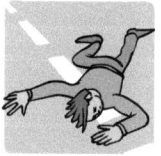

meðvitundarlaus

непритомний

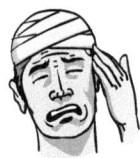

verkir

біль

meiðsli
травма

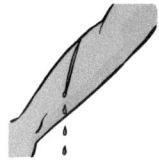

blæðing
кровотеча

hjartaáfall
інфаркт

heilablóðfall
інсульт

ofnæmi
алергія

hósti
кашель

hiti
лихоманка

flensa
грип

niðurgangur
пронос

höfuðverkur
головна біль

krabbamein
рак

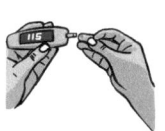

sykursýki
діабет

skurðlæknir
хірург

skurðhnífur
скальпель

aðgerð
операція

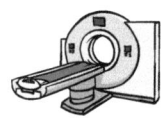

sneiðmyndataka

КТ

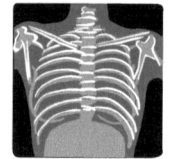

röntgengeisli

рентген

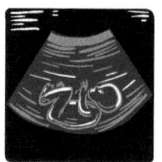

ómskoðun

ультразвук

andlitsgríma

маска

sjúkdómur

хвороба

biðstofa

зал очікування

hækja

милиця

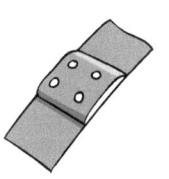

gifs

пластир

sáraumbúðir

пов'язка

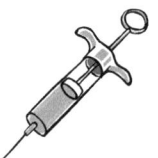

sprauta

ін'єкція

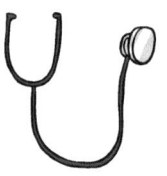

hlustunarpípa

стетоскоп

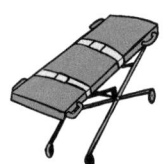

börur

ноші

líkamshitamælir

термометр

fæðing

народження

yfirvigt

надмірна вага

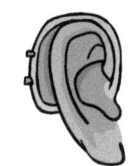

heyrnartæki

слуховий апарат

sótthreinsiefni

дезінфікуючий засіб

sýking

інфекція

veira

вірус

HIV / AIDS

ВІЛ / СНІД

lyf

медицина

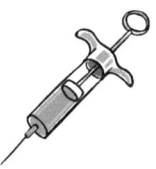

bólusetning

вакцинація

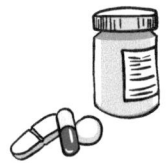

töflur

таблетки

pilla

протизаплідна пігулка

neyðarsímtal

екстрений виклик

blóðþrýstingsmælir

тонометр

lasinn / heilbrigður

хворий / здоровий

Hjálp!

Допоможіть!

viðvörun

сигнал тривоги

líkamsárás

напад

árás

атака

hætta

небезпека

neyðarútgangur

аварійний вихід

Eldur!

Вогонь!

slökkvitæki

вогнегасник

slys

аварія

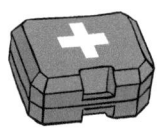

skyndihjálparbúnaður

аптечка

SOS

СОС

lögregla

поліція

Evrópa

Європа

Norður-Ameríka

Північна Америка

Suður-Ameríka

Південна Америка

Afríka

Африка

Asía

Азія

Ástralía

Австралія

Atlantshaf

Атлантика

Kyrrahaf

Тихий океан

Indlandshaf

Індійський океан

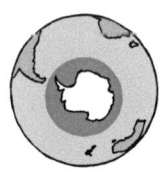

Suður-Íshaf

Антарктичний океан

Norður-Íshaf

Північний Льодовитий
океан

Norðurpóll

Північний полюс

Suðurpóll

Південний полюс

Suðurskautslandið

Антарктика

Jörð

Земля

land

суша

sjór

море

eyja

острів

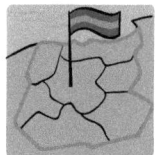

þjóð

нація

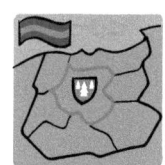

ríki

держава

klukkuskifa

циферблат

litli vísir

годинникова стрілка

stóri vísir

хвилинна стрілка

sekúnduvísir

секундна стрілка

Hvað er klukkan?

Котра година?

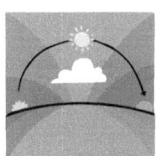

dagur

день

tími

час

nú

зараз

tölvuúr

цифровий годинник

mínúta

хвилина

klukkustund

година

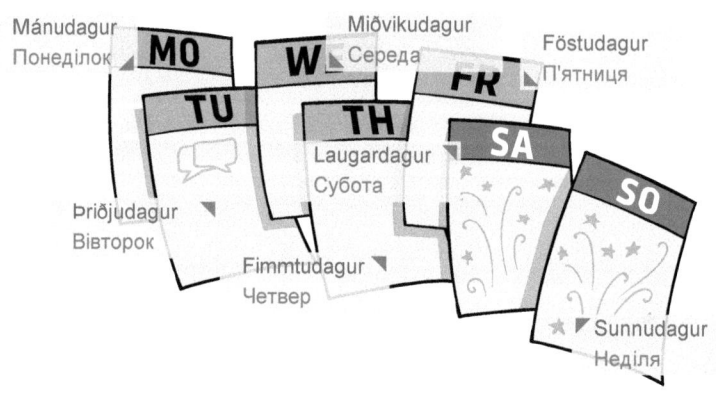

Mánudagur / Понеділок — MO
Miðvikudagur / Середа — W
Föstudagur / П'ятниця — FR
TU
TH
Laugardagur / Субота — SA
Þriðjudagur / Вівторок
Fimmtudagur / Четвер
SO
Sunnudagur / Неділя

í gær
вчора

í dag
сьогодні

á morgun
завтра

morgunn
ранок

hádegi
опівдні

kvöld
вечір

MO	TU	WE	TH	FR	SA	SU
1	2	3	4	5	6	7
8	9	10	11	12	13	14
15	16	17	18	19	20	21
22	23	24	25	26	27	28
29	30	31	1	2	3	4

virkir dagar
робочі дні

MO	TU	WE	TH	FR	SA	SU
1	2	3	4	5	6	7
8	9	10	11	12	13	14
15	16	17	18	19	20	21
22	23	24	25	26	27	28
29	30	31	1	2	3	4

helgi
кінець робочого тижня

ár
рік

rigning
дощ
regnbogi
веселка
vindur
вітер
snjór
сніг
vor
весна
haust
осінь
sumar
літо
vetur
зима

4.APRIL 11°
5.APRIL 4°
6.APRIL 13°
7.APRIL 8°
8.APRIL 10°

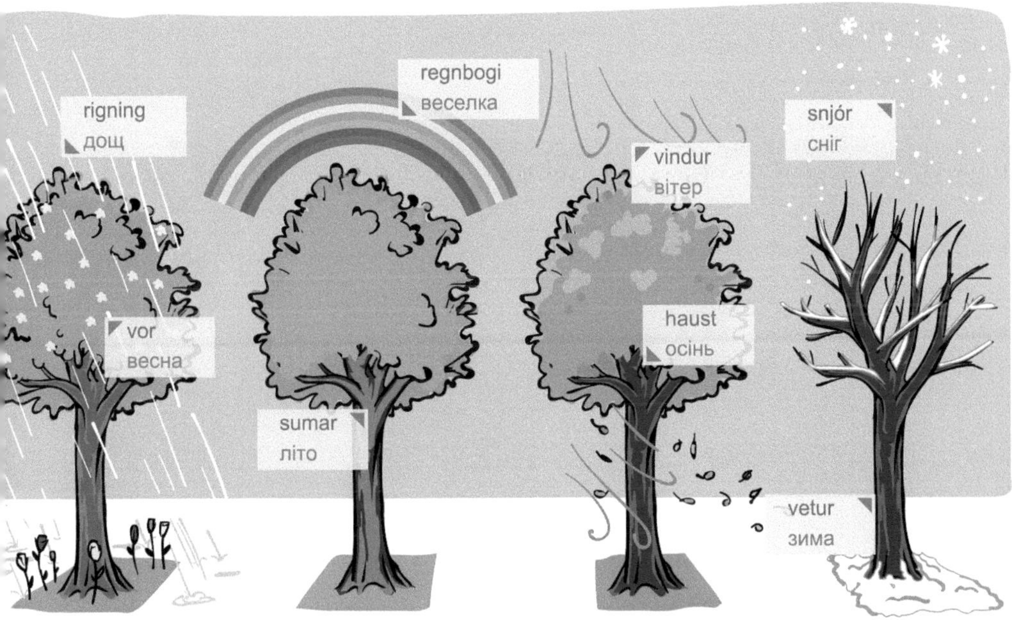

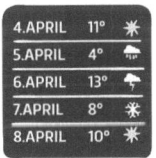

veðurspá

прогноз погоди

F C
120 40
90 30
60 20
30 10
0 0
-30 -10
-20

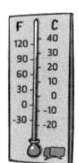

hitamælir

термометр

sólskin

сонячне світло

ský

хмара

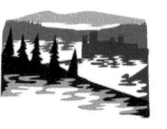

þoka

туман

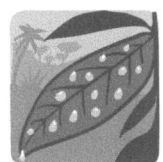

raki

вологість повітря

eldingar

блискавка

þrumuveður

грім

stormur

шторм

haglél

град

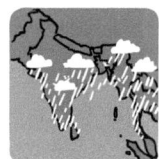

monsún

мусон

flóð

повінь

ís

лід

Janúar

Січень

Febrúar

Лютий

Mars

Березень

Apríl

Квітень

Maí

Травень

Júní

Червень

Júlí

Липень

Ágúst

Серпень

September
....
Вересень

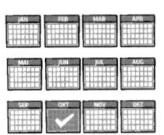

Október
....
Жовтень

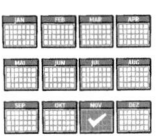

Nóvember
....
Листопад

Desember
....
Грудень

form

форми

hringur
....
круг

ferningur
....
квадрат

rétthyrningur
....
прямокутник

þríhyrningur
....
трикутник

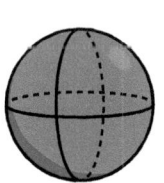

kúla
....
куля

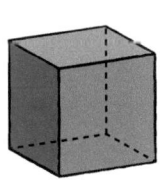

teningur
....
куб

hvítur

білий

gulur

жовтий

appelsínugulur

помаранчевий

bleikur

рожевий

rauður

червоний

fjólublár

фіолетовий

blár

синій

grænn

зелений

brúnn

коричневий

grár

сірий

svartur

чорний

mikið / lítið

багато / мало

reiður / rólegur

лютий / мирний

fallegur / ljótur

гарний / бридкий

upphaf / endir

початок / кінець

stór / lítill

великий / малий

bjartur / dimmur

світлий / темний

bróðir / systir

брат / сестра

hreinn / óhreinn

чистий / брудний

heill / ófullnægjandi

завершений /
незавершений

dagur / nótt

день / ніч

dauður / lifandi

мертвий / живий

breiður / mjór

широкий / вузький

ætur / óætur

їстівний / неїстівний

vondur / góður

злий / дружній

spenntur / leiður

збуджений / нудьгуючий

feitur / mjór

товстий / тонкий

fyrstur / síðastur

спочатку / востаннє

vinur / óvinur

друг / ворог

fullur / tómur

повний / порожній

harður / mjúkur

жорсткий / м'який

þungur / léttur

важкий / легкий

svangur / þyrstur

голод / спрага

lasinn / heilbrigður

хворий / здоровий

ólöglegur / löglegur

незаконний / законний

greindur / heimskur

розумний / дурний

vinstri / hægri

вліво / вправо

nálægur / fjarlægur

поруч / далеко

nýr / notaður

новий / використаний

ekkert / eitthvað

нічого / щось

gamall / ungur

старий / молодий

kveikt / slökkt

вкл / викл

opna / loka

відкрито / закрито

Lágvær / hávær

тихо / гучно

ríkur / fátækur

багатий / бідний

rétt / rangt

правильно / неправильно

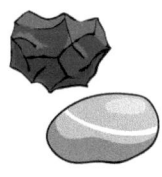

grófur / sléttur

шорсткий / гладкий

rgbitinn / hamingjusamur

сумний / щасливий

stutt / lengi

короткий / довгий

hægt / hratt

повільно / швидко

blautur / þurr

вологий / сухий

heitur / kaldur

гарячий / холодний

stríð / friður

війна / мир

andstæður - протилежності

числа

0

núll

нуль

1

einn

один

2

tveir

два

3

þrír

три

4

fjórir

чотири

5

fimm

п'ять

6

sex

шість

7

sjö

сім

8

átta

вісім

9

níu

дев'ять

10

tíu

десять

11

ellefu

одинадцять

12

tólf

дванадцять

13

þrettán

тринадцять

14

fjórtán

чотирнадцять

15

fimmtán

п'ятнадцять

16

sextán

шістнадцять

17

sautján

сімнадцять

18

átján

вісімнадцять

19

nítján

дев'ятнадцять

20

tuttugu

двадцять

100

hundrað

сто

1.000

þúsund

тисяча

1.000.000

milljón

мільйон

Enska

англійська

Amerísk enska

американська англійська

Mandarin-kínverska

китайська
високочиновницька

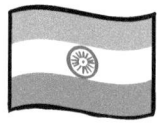

Hindí

хінді

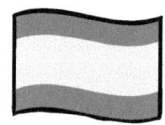

Spænska

іспанська

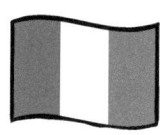

Franska

французька

Arabíska

арабська

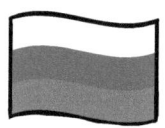

Rússneska

російська

Portúgalska

португальська

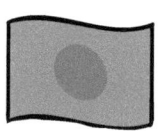

Bengali

бенгальська

Þýska

німецька

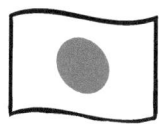

Japanska

японська

égg

я

þú

ти

hann / hún / það

він / вона / воно

við

ми

þú

ви

þeir

вони

hver?

хто?

hvað?

що?

hvernig?

як?

hvar?

де?

hvenær?

коли?

nafn

ім'я

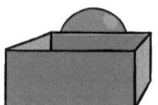

bakvið

ззаду

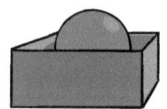

í

в

fyrir framan

перед

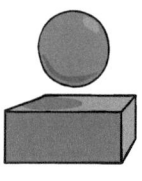

yfir

над

á

на

undir

під

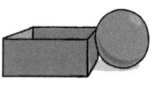

við hliðina

біля

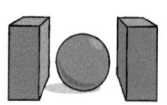

milli

між

sæti

місце